সিঁড়ি ভেঙে কার্নিশে

আবু শাহিদ

Siri Venge Karnishe

A Collection of Bengali poems

By Abu Shahid

প্রকাশকাল- এপ্রিল, ২০২২

গ্রন্থস্বত্ব- লেখক

প্রচ্ছদ- অর্ণব চক্রবর্তী

প্রকাশক- নেট ফড়িং

বিষয়বস্তু

উৎসর্গ

যারা ভালোবাসার সিঁড়ি ভেঙে কার্নিশে ছুঁড়ে ফেলেছে...

১. প্রেমিক হতে পারিনি

আমি তোমার প্রেমিক হতে চেয়েছিলাম!
আসলে প্রেমহীন কবিতাগুলো বড্ড বেমানান,
ঝাঁঝালো, মাতাল আর কর্কশ আর্তনাদের মতো!
তাদের কোনো ঠিকানা হয় না...
তারা নিরুদ্দেশ, থাকে না প্রেমালাপ
তুমি বলো ব্রাহ্মণের অভিশাপ লাগবে...
জেনে রেখো প্রিয়, প্রেমিক-হত্যাও যে মহা পাপ!
কঙ্কিতে বিষ ঢেলে কত কত রাত
ফিরে পাওয়ার স্বপ্ন সাজিয়েছি...!
প্রেমের সিঁড়ি ভেঙে কার্নিশে মিলিয়েছি ঠোঁট,
ঠিক যেখান থেকে বেড়েছিল রং বদলের ভোট।
ফুসফুসের ভিতর থেকে একরাশ সাদা ধোঁয়া
পাক খেতে খেতে... পাক খেতে খেতে...
আমাকে অপ্রেমিক বলে সম্বোধন পাতে,
তাই আমি কোনোদিন পারিনি প্রেমিক হতে।।

2. লিমেরিক

সেদিন নদীর কাছে
পুরুষ-চুম্বনের আবদার ছিল
তাই এ যাবৎ মোহনায় ফিরলো না সে।
উড়ে আসা অক্ষরবিহীন টোপ আর
কিছু লিমেরিক।
নদীর গতিপথ পরিবর্তনশীল
ব-দ্বীপের গন্ডি ঘেঁষে
প্রমাণ সুলভ সাফল্য। কপ্লেটের ন্যায়।
সন্দেহ লগ্নে ভুলক্রটি মার্জনা করবেন।
হারানো গতিপথে
গুটি পায়ে এগিয়ে যাচ্ছে নদী,
ঝিনুক খুঁজতে গিয়ে, জমা আয়না জলে
নিজেকে মানুষ-মানুষ মনে হল তার।।
আর আমি!
সুপ্ত আগ্নেয়গিরি, তাই পুড়তে লাগলাম,
লাভা হয়ে প্রস্ফুটিত হতে চাইনি কোনোদিন।

৩. ভাত দে

শিশুটি সারাদিন বিজ্ঞাপন সাটে
শিশুটি খুব ভোরে খবর বাটে,
শিশুটি ঘাম ঝেড়ে বহুরূপী সাজে
শিশুটি দিনের শেষে দু'মুঠো ভাত খোঁজে।।
ছেলেটি কাজের ফাঁকে বিজ্ঞাপনে চোখ রাখে
ছেলেটি রাত জেগে নতুন স্বপ্ন দেখে,
ছেলেটি ভোরের আলোয় বাস্তবতা বোঝে
ছেলেটি দিনের শেষে একটা চাকরি খোঁজে।।
মেয়েটির মেয়ে হওয়াই ভুল ছিল
মেয়েটির পোশাকেই কোনো গুল ছিল,
মেয়েটি এখন পুরুষ দেখলে ভয় পায়
মেয়েটি এখন বিদ্যুতে চমকায়।।

৪. নামহীন তুমি

হয়তো তুমি ব্যস্ত ভীষণ
সময় পাওনি খোঁজার,
আমি আজকাল বড্ড ছাপোষা
করছি রোজ মন খারাপের প্রচার।
দূরত্ব আজ বলছে ঠিকই
কিছু অজুহাত সাথে নিয়ে যাই
আসলে আমি বড্ড ভীতু
সম্পর্কে জড়িয়ে পড়তে ভয় পাই।
তোমার প্রিয় সেই হাসিটার
কারণ হয়তো আর আমি নই,
তুমি বললে ভালো থেকো
আমি শুনলাম অভিনয়।

5. মুক্তির সন্ধানে

প্রিয় ভালোবাসা,
তোমাকে মুক্তি দিয়েছিলাম সে বহুবছর হল
প্রিয় ফ্রেমগুলো গ্যালারিতে ডুবে
তলিয়ে গেছে একের পর এক নতুনের আবির্ভাবে,
হারিয়েও গেছে কিছু অভিমানে।
শুধু হারায়নি,
পার্কের বেঞ্চে বেঁচে থাকা কাপল
সম্পর্ক মাখা একটা গোটা বিকেল কিংবা
শহরের ভিড় ঠেলে তোমাকে নিরাপদে
এগিয়ে নিয়ে যাওয়া সেই দায়িত্ববান প্রেমিক।
সবটাই আগের মতো আছে
সেই আকাশ, সেই নদী, সেই মেঘ, সেই অভিমান,
সেই ঠোঁট, সেই শরীর, সেই স্পর্শ,
শুধু বদলেছে কিছু মানুষ আর কিছু সময়।।

৬. শেষ একবার দেখা হওয়া দরকারী

তুমি বরং ওই টুকুতেই থামো
পলসা রোদের ঝলকানিতে বৃষ্টি হয়েই নামো
তুমি বরং দিনের শেষে রাত্রি হয়েই থাকো
তুমি বরং কাব্য ভুলে কবিকেই শুধু ডাকো।
তোমার সময় ব্যস্ত জানি
ঘড়ির কাটার ঊর্ধ্ব-চাপ
আমার সময় ক্লান্ত বোঝাই
কিছুটা হলেও মন খারাপ।
বলছে সবাই দূষণবিহীন তুমি
জীর্ণতা মেখে শহরের ইমারতেরা
আসলে তুমি বড়োই ছাপোষা
আমার কাছে ভীষণ ছন্নছাড়া।
মুক্তি কি মিলবে তবে
মন খারাপের অপেক্ষাতে
যার স্বপ্নে মুক্তিকে খুঁজে ছিলাম
সেও আছে আজ ভীষণ অপূর্ণতাতে।
মোক্ষা কবি যদিও আমি নই
তবুও দু-চারটি গালি দিলেও দিতে পারি
অভিমান ভুলে ফিরে আসতে বলছি না
কিন্তু তবুও শেষ একবার দেখা হওয়া দরকারী।।

7. রাখী-পূর্ণিমা

রাখীর আড়ালে অপ্রেমিক হাসে
মায়ায় জড়ানো চোখের কাজল
ভাইয়ের প্রেম মিথ্যে আসলে
টানছে রোজ শাড়ীর আঁচল।।
অধিকার শুধু নিজের বোনের
বাকি তো সস্তা শরীরে মগ্ন
নির্ভয়াও কারো বোন ছিল
আসিফা ছিল না কোনো পণ্য।।

৪. হিন্দু মুসলমান

এবার না হয় বন্ধ হোক
ভাঙা-গড়ার খেলা,
দেশপ্রেমের ফসল ফলে
ধর্ম বেচার মেলা।
এবার না হয় বন্ধ হোক
রাম রহিমের বিভাজন,
মসজিদে তাই পূজা আজ
মন্দিরে হোক আজান।
এবার না হয় বন্ধ হোক
নীরব থাকার দায়,
পেটের খিদে মেটাতে হলে
ছিনিয়ে নিতেও শিখতে হয়।
দুষছে যারা বলছে তোমায়
তুমি হিন্দু নাকি মুসলমান
খোঁজ নিয়ে দেখে আসো
ওরাই আসল ইবলিস শয়তান।।

৯. জন্মদিনে তোমাকে

চাপা পড়া হাজার উইশ লিস্টের ভিড়ে
অনেকটা ভালোবাসা দিয়ে কেউ একজন
শব্দ সাজিয়েছে তোমাকে সাজাবে বলে,
কখনো সময় পেলে না হয় একটু অযত্নেই
কিংবা ভুলবশত চোখ বুলিয়ে নিও তাতে।।
স্পেশাল দিনগুলোতে তোমাকে
স্পেশাল কিছু দেওয়ার নেই আমার,
দামী উপহার বা নামি রেস্টুরেন্টে
বিলাস-বহুল মুহূর্ত হয়তো দিতে পারবো না,
তবে একটি মুক্ত আকাশ ও গঙ্গা সমান
পবিত্র ভালোবাসা আজন্ম দিতে পারি।।

১০. শিমুল ও আমি

অযত্নে অবহেলায় বেড়ে ওঠা
রাস্তার পাশের শিমুল গাছটিই জানে
একটা মধ্যবিত্ত ছেলের 'স্ট্রাগলের' মানে
তাই সেই অভিভাবকহীন শিমুল গাছটির কাছে
আমি আজীবন ঋণী হয়ে থাকবো।

১১. ডাক পিওন

কোথায় তোমার বাড়ি এখন
কোন শহরে করো তুমি বাস
ট্রেনটা এখন কোন পথে বা যায়
কোথায় ছাড়ে প্রেমের দীর্ঘশ্বাস।
কোন কাঁধটা ভরসা জোগায়
কোন হাতটা শক্ত করে ধরো
হারিয়ে যাওয়া ভীষণ সোজা
মনের ভিড়ে মন খুঁজতে পারো?
কপালে আজ পড়েছে ভাঁজ
বয়সের ছাপ ত্বকে, বলিরেখা সবটা জানে
ভেজাল বিরোধী প্রেমের অভিযানে
তবু খুঁজিনি বিচ্ছেদের মানে।
তোমার ঘরের নতুন আলোয়
মুছলে স্মৃতি এক এক করে
সব খামে আজ ভুল ঠিকানা
কিছু চিঠি তাই ডাক পিওনই পড়ে।।

লেখক পরিচিতি

লেখক- আবু শাহিদ

লেখক পরিচিতি– কবি আবু শাহিদ এর জন্ম কোচবিহার জেলার অন্তর্গত তুফানগঞ্জ শহরের একটি গ্রামে। ছোটবেলায় দাদুর হাত ধরে লেখালেখিতে প্রবেশ এবং পরবর্তীতে বিদ্যালয়ের বাংলা শিক্ষক ইন্দ্রজিৎ ধরের অনুপ্রেরণায় লেখার জগতে হাতেখড়ি, প্রথম লেখা 'পৃথিবী হারিয়ে যাচ্ছে' প্রকাশিত হয় শারদ সংখ্যা–২০১১ তে।

পরবর্তীতে উত্তরবঙ্গ সংবাদে রবিবাসরীয় বিভাগেও লেখেন এছাড়াও বিভিন্ন পত্র পত্রিকায় তার অনেক অণুগল্প, গদ্য কবিতা ও আধুনিক কবিতা ইতিপূর্বে প্রকাশিত হয়েছে।

কবি বর্তমানে একজন ইঞ্জিনিয়ারিং ছাত্র, কোচবিহার পলিটেকনিক থেকে সিভিল ইঞ্জিনিয়ারিং এ ডিপ্লোমা করার পর এখন জলপাইগুড়ি ইঞ্জিনিয়ারিং কলেজে পাঠরত, তার কলম এখন জীবিত ও বর্তমান।

ফড়িং কথা

অনলাইন ও অফলাইন ম্যাগাজিনের পাশাপাশি নব উদ্যমে শুরু হল নেট ফড়িং সম্পাদিত একক বই এর কাজ। এই আঙ্গিকে প্রকাশিত হল নেট ফড়িং এর প্রথম একক কাব্যগ্রন্থ 'সিঁড়ি ভেঙে কার্নিশে'। লেখক নেট ফড়িং এর প্রথম ধাপে পথ চলার অন্যতম কলম সৈনিক আবু শাহিদ। নেট ফড়িং এর ওপর বইটি সম্পাদনা ও প্রকাশ করার গুরুভার অর্পণ করার জন্য অসংখ্য ধন্যবাদ লেখক-কে। আশা রাখছি পাঠকরাও একইভাবে বইটিকে ভালোবেসে আপন করে নেবেন। শুভেচ্ছা ও অভিনন্দন জানাই প্রিয় লেখক আবু শাহিদ-কে। আপনার লেখনী সমৃদ্ধ করুক বাংলা সাহিত্য-কে।

    -টিম নেট ফড়িং

Enter Caption

নেট ফড়িং এর প্রতিটি সংখ্যা পড়তে ক্লিক করুন নেট ফড়িং এর ওয়েবসাইট www.netphoring.com এ। নেট ফড়িং এর ব্লগে লেখা পোস্ট করতে মেইল করুন netphoring@gmail.com এ। লেখার ওপর উল্লেখ করুন নেট ফড়িং ব্লগ।

একক বই এর নেপথ্যে-

আপনার একক বই এর জন্য লেখার পাণ্ডুলিপি পাঠান বাংলাতে টাইপ করে বা ডক ফরম্যাটে Whats App বা Mail এ। পাণ্ডুলিপির সাথে লেখকের নাম-ঠিকানা, ফোন নম্বর ও মেইল আইডি থাকা আবশ্যিক। পাণ্ডুলিপি মনোনীত হলে মেইল এর উত্তর পাবেন। বিস্তারিত জানতে যোগাযোগ করুন।

Whats App- 7501403002

Mail Id- netphoring@gmail.com

পাঠকের মতামত নেপথ্যে-

কি করে জানাবেন আপনার মতামত, কেমন লাগছে নেট ফড়িং এর অনলাইন ও অফলাইন সংখ্যা? কেমন লাগছে নেট ফড়িং সম্পাদিত বইগুলো? আপনার মতামত জানিয়ে মেইল করুন আমাদের netphoring@gmail.com এ সম্পাদকীয় প্রসঙ্গে মতামত জানাতে মেইল করুন sealbikram9@gmail.com এ। হোয়াটস আপ করতে পারেন ৭৫০১৪০৩০০২ এই নম্বর এ। আপনাদের মতামতই আমাদের চলার পথের অনুপ্রেরণা।

আমাদের ফেসবুক পেজ এর লিঙ্ক https://facebook.com/netphoring

আমাদের ওয়েবসাইটের লিঙ্ক https://www.netphoring.com/

www.ingramcontent.com/pod-product-compliance
Lightning Source LLC
Chambersburg PA
CBHW020857160726
47993CB00004B/1696